안전을 부탁해!

GOGO 카카오 프렌즈

글 조주희 그림 우기연

3

폭설

아울북 × KAKAO FRIENDS

카카오프렌즈

카카오프렌즈는 저마다의 개성과 인간적인 매력을 지닌
라이언, 춘식, 어피치, 튜브, 네오, 프로도, 무지, 콘, 제이지 총 아홉 명의 캐릭터가 함께합니다.
서로 다른 성격에 하나씩 콤플렉스를 가지고 있는 아홉 가지 캐릭터는 독특하면서도
우리 주변에서 쉽게 볼 수 있는 사람들의 모습을 그대로 반영해 많은 사랑을 받고 있습니다.
카카오프렌즈의 위트 넘치는 표정과 행동은 폭넓은 공감대를 형성하고 유쾌한 웃음을 선사합니다.

라이언 RYAN

갈기가 없는 수사자 라이언.
덩치가 크고 표정이 무뚝뚝하지만 여리고 섬세한 감성을 지닌 반전 매력의 소유자.
원래 아프리카 둥둥섬 왕위 계승자였으나, 자유로운 삶을 동경해 탈출!
카카오프렌즈의 든든한 조언자 역할을 하고 있다.

춘식 CHOONSIK

라이언이 길에서 주워 온 길고양이.
집 거실까지 들어와서야 상황을 파악했다.
서로 취향이 잘 맞는지 라이언의 집에 그대로 눌러앉아 버렸다.
어딘가 지켜 주고 싶은 귀여운 룸메이트 춘식이가 있어 라이언의 퇴근길이 쓸쓸하지 않다.

어피치 APEACH

유전자 변이로 자웅동주가 된 것을 알고 복숭아나무에서 탈출한 악동 복숭아 어피치!
애교 넘치는 표정과 행동으로 귀요미 역할을 한다.
매력적인 뒷모습으로 사람들을 홀리지만, 성격이 매우 급하고 과격하다.

튜브 TUBE

겁이 많고 마음 약한 오리 튜브.
작은 발이 콤플렉스여서 오리발을 착용한다. 미운오리새끼의 먼 친척뻘이다.
극도의 공포를 느끼거나 화가 나면 입에서 불을 뿜으며 밥상을 뒤엎는(?) 미친 오리로 변신하니 조심해야 한다.

네오 NEO

자기 자신을 가장 사랑하는 새침한 고양이 네오.
쇼핑을 좋아하는 패셔니스타다. 하지만 도도한 자신감이 단발머리 가발에서 나온다는 건 비밀!
공식 연인 프로도와 아옹다옹하는 모습이 사랑스럽다.

프로도 FRODO

잡종견이라는 태생적 콤플렉스를 가진 부잣집 도시 개 프로도.
네오와 공식 커플로 알콩달콩 애정 공세를 펼친다.

무지 MUZI

호기심 많고 장난기 가득한 무지.
그 정체는 사실 토끼 옷을 입은 단무지다.
토끼 옷을 벗으면 부끄러움을 많이 탄다.

콘 CON

악어를 닮은 정체불명의 콘.
카카오프렌즈에서 가장 미스터리에 싸여 있다.
알고 보면 무지를 키운 능력자기도 하다.

제이지 JAY-G

땅속나라 고향에 대한 향수병이 있는 비밀 요원 제이지!
선글라스와 뽀글뽀글한 머리가 인상적이며 힙합 가수 JAY-Z의 열혈팬이다.
냉철해 보이는 겉모습과 달리, 알고 보면 외로움을 많이 타는 여린 감수성의 소유자다.

그 외 등장인물

지키리

히어로를 자칭하는 의욕 넘치는 소년.
그러나 카카오프렌즈의 활약을 시샘하느라 정작 구조 현장에서는 실수투성이다. 덕분에 스승인 레스큐맨에게 항상 혼만 난다.
구조대원이었던 아버지가 남긴 매뉴얼을 철석같이 따르지만, 매번 잘못 읽어 이상한 정보만 퍼뜨리는 말썽쟁이다.

오드리

초능력자를 자칭하는 엉뚱한 소녀.
지키리와 친척이자 오랜 악연(?)이기도 하다.
근거 없는 유사 과학에 빠져 있어 우수한 과학자 가문의 유일한 골칫거리다.
엉터리 지식을 구조에 써먹겠다고 우기면서 지키리와 레스큐맨을 쫓아다니고 있다.

레스큐맨

지키리가 모시는 엄격한 스승님.
복면을 쓰고 있어서 그 정체는 수수께끼다. 언제나 어리바리한 지키리를 지켜보며 불같이 야단친다.
구조 지식과 능력은 상당한 것 같은데, 도대체 왜 카카오프렌즈를 견제하는 걸까…?

세이프고

천재 박사가 세이프 뱅크에 남긴 최첨단 안전 인공지능…이었으나 정체불명의 침입자 때문에 데이터가 모조리 삭제되었다!
지금은 아주 기초적인 지식만 남았지만, 글로벌 안전 요원 카카오프렌즈의 도움을 받아 조금씩 안전 데이터를 되찾고 있다.

차례

안전을 부탁해!

GOGO 카카오프렌즈 **지난 줄거리**

세상의 모든 안전 데이터가 저장된 세이프 뱅크와 인공지능 세이프고! 그런데 정체를 알 수 없는 누군가가 침입해 데이터를 모조리 지워 버렸다고?! 걱정 마시라, 글로벌 안전 요원 카카오프렌즈가 있으니까!

사령탑 콘의 지휘 아래 지진과 태풍에서 용감히 시민들을 구한 카카오프렌즈. 그런데 어리바리한 소년 지키리와 수수께끼의 히어로 레스큐맨이 사사건건 구조를 방해하는데…. 이 둘의 정체는 무엇이고 서로 무슨 관계인 걸까? 설마 세이프 뱅크를 엉망으로 만든 범인과 관련이 있는 건 아니겠지…?

한편, 카카오프렌즈가 활약하는 든든시에도 겨울이 찾아왔다. 찬 바람과 함께 모습을 드러낸 건 지키리의 친척, 오드리라고 하는데…. 이 아이, 지키리보다 골칫거리일 것 같다!

또 어떤 매서운 위험과 재난이 안전 요원들 앞에 도사리고 있을까?
카카오프렌즈, 이번에도 안전을 부탁해!

* 이 책의 만화는 어린이 독자의 재미와 학습을 위한 가상의 이야기입니다.
등장하는 인물, 단체, 지역, 사건 등은 모두 실제와 관련 없는 창작물입니다.

1장

눈이 펑펑 오는 펑펑시로 출동!

추운 겨울이 찾아온 든든시!
휘이이잉
여름에 태풍으로 고생한 게 엊그제 같은데….
벌써 한겨울이 되었네!
어피치, 내 머리털에서 나가.
따뜻한데 조금만 더 있으면 안 될까?
네오, 군고구마 사 왔어!
프로도, 앞을 조심해! 빙판길이라 미끄러워!
역시나!
미끄덩
폴짝
춘식이다!
프로도를 구해 주려고?

타
닷
척
뭐야,
군고구마 냄새를
맡고 왔구나.
그나저나 춘식아,
무슨 일이야?
콘이랑 세이프 뱅크에
있는 줄 알았는데.
콘의 지시를
전달하려고
왔어.
조만간 세이프 뱅크
근처에 있는 도시인
펑펑시에 많은 눈이
내릴 예정이래.
나와 함께
펑펑시로
출동하자!
오호?
그런데
든든시를 비우고
모두 갈 순 없으니까,
안전 요원 셋만 오면
될 것 같아.
펑펑시라면…
눈꽃 축제로 아주
유명한 곳이잖아!

아름다운
눈경치!
얼음낚시!
스키!
내가 갈래!
콘의 예상이
정확하게
들어맞았네.
자,
평평시를 지키러
출~발!
잘 다녀와.
든든시는 우리에게
맡겨 달라고!
춘식이랑 놀려고
했는데… 힝.
저 세이프고가
안내할게요!

자율 주행으로
세이프 뱅크까지
모셔다 드릴게요.
응?
평평시가
아니고?
팟
걱정 마.
펑펑시도 바로
갈 테니.
콘?!
특별히 맡길
비밀 임무가 있어.
부우웅
통신으로
전하긴 어려우니
먼저 세이프 뱅크로
오도록 해.
비밀
임무라고?!
좀 더 준비하고
왔어야 하나.
두근 두근
삐삐삐
위험 감지!
응?
무슨 일이지?

끼이이익
갑자기 차가 갓길에 멈췄어.
도로 앞에 아무것도 없는데…?
아뇨, '블랙 아이스'가 있어요!
블랙 아이스?
반짝
반짝
한겨울에 눈이나 비가 도로에 스며들었다가
아스팔트 위에 투명하게 얼어붙어 교통사고를 일으키죠.
다리 위, 터널 입구 등 그늘지는 곳에 자주 발생하는 위험한 얼음막이에요.
비
눈
블랙 아이스
아스팔트
아스팔트의 검은색 때문에 얼음이 까맣게 보여서 블랙 아이스라는 이름이 붙었지요.
부르르
진짜네! 자세히 보니 길에 얼음이 얇게 코팅되어 있어!
미끄러지면 큰 사고가 나겠어.
반들
반들

간판으로
크게 알리자.
훌륭한데!
여기다 세우면
잘 보이겠지?
주의!
블랙아이스
미끄럼 주의
여러분이 탄 자율 주행 차는
겨울용 타이어를
달았으니까 속도를 줄이면
지나갈 수 있을 거예요.
살살살
세이프 뱅크
휘이이잉
오느라 고생했어,
안전 요원들!
콘~!!
비밀 임무가
뭔데?
맡겨만 달라고!
그동안
추측만
했었어.
계속해서
글로벌 안전 요원을
방해하는 세력의
정체에 대해서
말이야.

하지만 이제 확신이 들었어!
바로 세이프 뱅크를 엉망으로 만든 범인과 같은 녀석이야!
그때 찍은 감시 카메라 영상을 복구했답니다.
맙소사, 도대체 누가 이런 짓을?
우하하하! 성공이다!
뚜욱
이제 세이프 뱅크는 무용지물이야!
그 대신 바로 내가! 지구상의 모든 위험에서 사람들을 구하리!
어라?
두두두
저 모습은…!
두두두
하하하
하하
지난 태풍 때 나타났던…!
이 레스큐맨이 구해 드리겠습니다!

✿**강설량** 얼마 동안 한곳에 내린 눈의 양.

콘~ 빨리 비밀 임무를 말해 줘~!
지키리랑 레스큐맨을 쫓는 거지?
위험과 재난이 생길 때마다 지키리가 나타난 것 기억하지?
폴짝
조만간 평평시에 기후 변화로 예상치 못한 폭설이 닥칠지도 몰라.
휘이이잉
안전 요원들! 임무는 두 가지야.
휘이이잉
폭설에서 평평시를 구한다!
그럼 평평시에 지키리와 레스큐맨이 모습을 드러내겠네!
그리고 레스큐맨의 정체와 목적을 밝힌다!

한편, 레스큐 본부에서는….
RESCUE
자자, 주목!
방금
세이프 뱅크에서
훔친 따끈따끈한
정보다.
곧 펑펑시에
눈이 엄청나게
쏟아진다는군.
펑펑시로 출동해라!
지난 태풍 때 같은
실수는 두 번 다시
없도록!
넵! 레스큐맨,
저한테 맡겨 주세요!
마침 초능력자인 저를
수호하는 겨울 별자리가
하늘에 가득하거든요!
이런, 잠깐….
넌 누구야?!
…오드리?
부르셨나용?

아직도
이상한 소리만
하고 다니는군….
제 능력을
유일하게 알아보신
레스큐맨을 도우러
왔어요!
과학자 집안에서
요상한 거에
빠져 있다는 애구나.
뭐, 관심사가
있는 건 좋으니
혼자서 열심히 해라.
덜렁이 지키리 대신
초능력자 오드리만
믿으세요!
칭찬이 아니었는데.
귀찮은 혹이 붙었군.
하지만
지키리 혼자서
카카오프렌즈를
상대하는 게
벅차긴 했지.
정 그렇다면 자리를
허락해 주마.
훗, 저 오드리가
활약할 시간이군요!
비장의 아이템들도
잔~뜩 준비했지요!
TWO DOLLARS
다
쓸데없어!

지키리
살려엇~!!
하아
여하튼
머릿수는 많을수록
좋으니까.
이 개들은
다 뭐야?!
왈왈왈
눈썰매를 끌어 줄
나의 충성스러운
멍멍이들이지!
안 그래도 어제
심상치 않은
꿈을 꿨거든.
웬 꿈?!
눈밭에 갇혀
오도 가도
못 하고 있는
나에게….
눈의 여왕이
나타나 이렇게
전하지 뭐야.
'오드리여,
썰매 개들을 데리고
펑펑시로 향하거라…'
라고!

이 개들부터 데려가 줄래?
꿈이고 나발이고….
주의!
CCTV
응? 본부 앞에 웬 차가 멈춰 서 있잖아.
쟤는 낯이 익은데…. 저 간판은 또 뭐람?
내 도움이 필요해 보이는군!
첫 임무인가? 멍멍이 군단, 너희도 출동이다!
이거 불안한데….
아빠, 블랙 아이스래.
다른 길로 가야 하나?
주의! 블랙 아이스 미끄럼 주의

평평시로 가는 다른 방법은 산길밖에 없어요.
일반 타이어로는 무리겠죠?
눈꽃 축제에 꼭 가고 싶은데….
곤란하신가요? 오드리가 도와드리죠!
왈왈
왈왈
개 썰매?
영이야, 뒤로 물러서!
휘익
그쪽이 아니야!
왈왈왈
얘들아?
휘익
이쪽도 아니고!

슈웅
으악! 내 말 좀 들어!
털썩
이런, 괜찮니?
벌떡
호호, 초능력자 오드리를 뭘로 보시고! 아주 멀~쩡하답니다!
미끄러져도 절대 다치지 않게 하는 '오뚝이 부적' 덕분이에요!
꽈당 제로 오뚝이부적
팔랑

자자,
여기 차에도 한 장.
그럼 빙판길도 안심!
오드리!
엥?
지키리잖아.
엇?
영이였네.
둘이 아는
사이야?
난 아빠랑 평평시에서
열리는 눈꽃 축제에
가는 길이야.
엄마랑 동생은
집에!
그러는 넌
여기 어쩐
일이야?
난 당연히
도와주러
왔지.
빙판길 때문에
차가 못 가는 거
같아서.
저기,
내 부적으로도
충분하거든?
스노 체인
이네!
스노 체인

다행이네요.
스노 체인을 타이어에 감으면 차가 꽁꽁 얼은 도로에서도 미끄러지지 않을 거예요.
통행금지
도로 결빙으로 인하여 교통을 통제하오니 우회하여 주시기 바랍니다
평평시 경찰서장
그래도 최대한 안전한 길로 돌아가세요.
눈꽃 축제에 갈 수 있겠다!
정말 고마워, 지키리!
부우웅
찌잉
왜 부르르 떨어? 아픈 거면 치유 부적을…
남을 돕고 듣는 감사 인사는 최고야!
평평시에 큰 눈이 오면 더 활약할 수 있겠지?
잠깐, 나도 같이 가!
왈왈왈

한편, 벌써 펑펑시에 도착한 안전 요원들!
평펑시에 어서오세요
여기가 바로 눈꽃 축제로 유명한 펑펑시구나!
아직 눈이 많이 내리진 않는데?
지키리도 없는 것 같고.
안전 요원 임무로 왔지만, 설레는 기분은 어쩔 수 없네!

세이프고의 안전 데이터

하얀 눈과 함께 살아가는 지혜

눈이 많이 내리는 지역을 **다설 지역**이라고 해요. 일본 홋카이도, 캐나다 퀘벡, 그리고 노르웨이와 핀란드 같은 북유럽 나라들과 알프스산맥 주변이 대표적이에요. 이곳에 사는 사람들은 오랜 세월 동안 차가운 눈과 더불어 생활하는 지혜를 쌓아 왔어요.

이글루를 짓고 있는 이누이트 사람들

자수가 돋보이는 아이누의 전통 의상

캐나다 북쪽, 미국 알래스카, 그린란드 등의 지역에 사는 민족인 **이누이트**는 눈 위에서는 개 썰매를 몰고, 바다에서는 카약이라는 배를 타고 사냥하는 문화로 유명해요. 춥고 거친 환경인 일본 홋카이도와 러시아 사할린에 사는 **아이누**는 자연을 소중히 여기고 존중하는 문화를 지켜 왔어요. **사미**는 주로 북유럽의 노르웨이, 스웨덴, 핀란드에 사는 민족이에요. 순록과 엘크를 키우며 여기저기 옮겨 사는 유목민 생활을 했어요. **예벤키**는 러시아 시베리아의 넓은 숲과 툰드라 지역부터 중국과 몽골까지 널리 퍼져 사는 민족이에요. 러시아 북쪽에 사는 **네네츠**는 **사모예드**라는 이름으로도 알려진 민족인데, 하얗고 북슬북슬한 개 사모예드의 이름도 여기서 따왔다고 해요.

다설 지역에서는 누구든 험한 날씨에 길을 잃거나 위험에 빠지기 쉬워요. 그래서 이곳의 민족들은 손님을 잘 대접하는 전통을 이어 왔답니다.

눈이 많이 오면 집을 튼튼하게 지어야겠네!

다설 지역의 집들은 추위와 눈보라에 대비해 벽은 두껍게 세우고, 창문은 작게 내고, 문은 두 겹으로 다는 게 특징이에요. 또 눈이 많이 쌓이지 않고 흘러내리도록 가파른 경사의 지붕을 얹는답니다.

시베리아 근처에 사는 예벤키와 네네츠 유목민들은 뾰족한 이동식 천막인 **춤(чум)**에 살았어요. 또 이누이트는 단단한 눈 벽돌로 **이글루**라는 집을 짓고 바닥에 동물 가죽을 깔아 추위를 막았어요. 전 세계에서 눈이 많이 오기로 손꼽히는 일본 시라카와고 마을에는 지붕이 두 손바닥을 모은 모양인 **갓쇼즈쿠리**를 여럿 볼 수 있어요. 알프스산맥 근처의 스위스에도 **샬레**라는 비슷한 지붕 모양의 집들이 많아요. 우리나라 울릉도에도 눈이 아주 많이 와서 집 주위에 억새나 수숫대로 만든 바깥벽인 **우데기**를 둘렀어요.

스위스에서 가장 큰 샬레인 그랑 샬레

우데기를 둘러친 울릉도의 투막집

매일매일 눈이 내리면 눈썰매도 타고, 눈사람도 만들고 정말 즐겁겠다~

맞아요. 다설 지역에서는 매년 겨울마다 하얀 눈 세상을 즐길 수 있는 축제가 열리지요. 일본 홋카이도의 **삿포로 유키마쓰리**, 중국의 **하얼빈 국제빙설제**, 캐나다의 **퀘벡 윈터 카니발**은 해마다 전 세계에서 수많은 관광객이 찾는 대표적인 겨울 축제랍니다. 우리나라도 빼어난 겨울 풍경 속에서 얼음낚시를 즐길 수 있는 강원도 화천의 **산천어 축제**가 유명해요.

캐나다 퀘벡 윈터 카니발에서 열리는 아이스 카누 경주

눈이 많이 오면 힘들기만 할 줄 알았는데, 다설 지역의 문화는 정말 독특하고 재미있네.

발이 눈 속에 빠지지 않게 신발 밑에 신는 설피와 스노 슈즈, 겨울 스포츠인 스키와 스노보드, 독특한 이동 수단인 개 썰매와 스노모빌 등 다설 지역에서는 독특한 생활 방식과 문화가 발달했답니다.

또 눈이 많이 오는 지역은 여럿이 함께 힘을 합쳐 눈을 치우고, 집을 고치고, 긴 겨울을 대비한 음식을 만드는 등 서로 돕는 공동체가 끈끈하게 형성되어 있답니다. 추운 겨울과 차가운 눈이 더불어 사는 따뜻한 문화를 이룬 셈이지요.

남극 탐험에 나서는 썰매 개들

2장

이상한 아이,
오드리

✿ **경사** 비스듬히 기울어진 모양이나 정도.

일본 시라카와고 마을의 전통 주택은 많은 눈을 견디도록 지붕 경사를 가파르게 짓는 걸로 유명해요.
이 지붕 모양이 꼭 두 손을 모은 것 같아서 '합장식'이라고 불러요. 또 눈으로 1층이 잠기면 2층에서 생활한대요.
집이 파묻힌다니 엄청난데?
평평시는 그 정도까지 눈이 오진 않겠지?
시라카와고 마을의 전통 주택
평펑시에는 왜 이렇게 눈이 많이 내려?
주르륵
바다와 높은 산맥 사이에 위치해서 그래요.
눈구름은 따뜻한 바다에서 불어오는 습한 바람이 차가운 공기와 만나 생겨요.
눈구름
차가운 공기
높은 산맥
습한 바람
평펑시
따뜻한 바다
그런데 이 눈구름이 높은 산맥에 가로막히면서 평펑시에 많은 눈을 뿌리는 거예요.

눈이 많이 내리는 지역은 바다나 호수, 높은 산맥과 가까워요.
미국의 다설 지역인 '스노벨트'에서는 다섯 개의 큰 호수가 폭설을 일으켜요.
캐나다
미국
스노벨트
슈피리어호
휴런호
온타리오호
미시간호
이리호
유럽의 스칸디나비아반도에도 따뜻한 해류와 높은 산맥이 많은 눈을 만들어요.
북대서양 해류
한반도는 차갑고 건조한 시베리아 고기압과 동해의 따뜻한 바닷바람으로 겨울에 많은 눈이 내려요. 특히 동해와 가까운 영동 지방과 울릉도에 많이 쏟아지죠.
시베리아 고기압
고
영동 지방
울릉도
동해
서해
저
따뜻하고 습한 바람
그래서 오래전부터 울릉도에서는 '우데기'라는 바깥벽을 세웠답니다.
휘이이이잉
억새로 집 주변을 네모나게 둘러 거센 눈보라를 막았어요.
요즘 세이프고가 제법인데?
폭설에 대비해서 업데이트를 했답니다.
하지만 자세한 안전 데이터는 현장에 있는 여러분께 부탁드릴게요.
어?

지키리~!
누, 누구지?!
보나마나
오드리겠지!
이제 너희 둘은
하나처럼 움직이는 거다!
카카오프렌즈를 넘어서라!
들었지?
못 들은 걸로
할래!
왜 하필
저 녀석이지?
지~키~리!
내 실험 좀
도와줄래?
어렸을 때부터
날 얼마나
괴롭혔는데!
지키리와 오드리의 과거
오드리랑
엮이기 싫어!!
쌔앵
헉
헉
지키리를
놓쳤어!
재가
저렇게 발이
빨랐었나?

분명 레스큐맨도
이 눈꽃 축제에 지키리와
함께 있을 거야.
헉!
둘 사이엔
뭔가 있어!
여러분, 얼마 있지 않아
본격적으로 눈이
내리기 시작할 거예요.
얼른 지키리와
레스큐맨을 찾고
폭설도 대비해야 해!
지키리의
발자국이다!
좋았어.
이걸 따라가기만
하면….
발자국이
너무 많아!
혹시…
눈썰매장으로
가진 않았겠지?
설마~
놀러 온 게
아니잖아!
눈썰매장

설마가
진짜?
재미있겠다!
출발
두근
두근
주금만 타자고
레스큐맨한테
물어볼까?
와하하하
이것도
훈련의 일부지!
아니야, 분명
야단맞을 거야.
여러분,
눈썰매 안전 수칙을
안내할게요.
안전 수칙
이라고?
흠흠, 노는 게
아니라고!
그건
놓칠 수 없지,
암!
출발
저 위에
지키리가 있다!
눈썰매를 타려나?
부럽다~

여러분~!
오래 기다렸죠?
차례차례 순서를 지켜서
코스에 한 명씩 서세요.
눈이 옷 안으로
들어가면 차가우니
조심하세요.
네~에!
그럼 다들
준비됐나요?
네!
왼쪽에서
두 번째가
지키리 맞지?
몰래
숨어 있다가
잡는 거다!
레스큐맨의
정체를 불 때까지
간지럽혀야지.

스키복을 입고 와서 다행이야.
아 참, 가장 중요한 걸 깜빡했네.
절대 다른 사람의 코스로 끼어들면 안 돼요.
여기 있었구나!
엑, 오드리?
눈썰매 맡아 줘서 고마워!
내 거거든?
투웅
잠깐, 새치기하면 안 되지!
일 등은 내 차지다!
스르륵
경주가 아니야! 출발 신호도 없었는데!
좌아아
걱정 마시라고요~

부웅
행운의 팔찌와 함께라면 이까짓 눈썰매쯤이야~
…꽥!!
푸욱
응? 지키리가 아니었네?
너 안전 매트 덕분에 살았어!
에고고….
다 행운의 팔찌 덕분이지롱! 이 팔찌의 신비로운 오라가 세상의 모든 위험으로부터 날 지켜 준다고!
우아!
그런데 너네는 누구? 엥, 사라졌네.
이상한 애다! 피해야겠어.

스멀
스멀
벌써 하늘에 눈구름이 잔뜩 꼈군.
시간이 얼마 없어. 어떡하면 좋지?
눈을 크게 뜨고 지키리를 찾아보자!
영이다!
카카오 프렌즈다!
오랜만~
안녕~
난 아빠랑 눈꽃 축제에 놀러 왔어. 오는 길이 조금 험하긴 했지만.
지키리가 빌려준 스노 체인 덕분에 무사히 도착했단다.
평평시에서 겨울 타이어로 바꿨어!
지키리 라고?
흠….

나쁜 아이는 아닌데 말이야.
지키리의 정체는 도대체 뭘까?
벌써 가는 거야?
아쉽지만 예정보다 일찍 집으로 가려고.
날씨가 궂어지는 것 같아서 말이다.
재난에 있어서 무엇보다 예방이 중요하다고 카카오프렌즈가 알려 줬잖아!
감동~
기억하고 있었구나!
맞아, 곧 펑펑시에 눈이 많이 내릴 거야.
가는 길이 험할 테니 조심하도록 해.
지키리다!
알았어!

우린
볼일이 있어서
이만!
든든시에서
또 만나~
지키리가
어디로
가는 거지?
얼음 미로?!
콘,
미로의 지도를
부탁할게!
눈꽃 축제의
얼음 미로는
눈의 결정체 모양으로
설계했대요.
그래? 세이프고,
눈 결정체 자료를
찾아봐 줘!

왜 얼음 미로로
들어간 거람?
까미야~
어딨니?
으악,
또 막다른
길이야!
멍멍!
강아지다.
그냥 벽을
뚫어 버릴까?!
살려 줘~
출구를
못 찾겠어!
지키리가
갑니다!
헉헉, 드디어
탈출이다.
우리를
따돌리려고?
아니면 길 잃은
사람이라도
구조하려는 건가.

도대체
여기가 어디지?
아까부터
똑같은 곳을
돌고 있나 봐.
어라?
콸콸
너는….
눈썰매장에서
만난….
쉿, 조용!
물은 답을
알고 있다는 거
몰라?
또 항상
우리의 말을
듣고 있다고~
기다려 봐.
곧 물이
보여 줄 거야.
미로를
빠져나가는
방법을 말이야.
우아~
이제 곧 물이
눈으로 얼어붙으면서
결정 모양으로 길을
안내할 거야.

또 사라졌네?
역시
이상한 아이야!
가까이하지
않는 게
좋겠어.
그런데 저 말,
진짜야?
그럴 리가요!
눈의 결정은 온도와
습도에 따라 모양이
달라지는 거예요.
- 온도 및 습도별 눈 결정 모양 -
습도
0.30
0.20
0.10
0
온도
0
-5
-10
-15
-20
-25
-30
습도가 높을수록
눈 결정의 크기가 커지고
모양도 정교해진답니다.
또 비교적
따뜻한 날씨에는
커다란 함박눈이
천천히 내리고
추운 날씨에는
쌀알같이 작은
싸라기눈이 빠르게
몰아치지요.
사람의 말이
눈 결정 모양에 영향을
준다는 건 전혀 근거 없는
소리예요.
그렇구나,
속을 뻔했어.

고마워!
세이프고 덕분에
얼음 미로의 지도를
완성했어!
바로
전송할게!
파앗
좋았어,
빨리 길을 찾아서
지키리를 쫓자!
찾았다!
너희들은…
카카오프렌즈?
레스큐맨이
카카오프렌즈를
경계하라고 했지!
잠깐,
기다려!
미로에 갇혔어요!
어디 날 도와줄
멋진 히어로 없나~?
바빠서 이만!
나를 필요로 하는
사람이 있는 것 같네.

후후, 제 발로
걸려들었구나.
오드리
였잖아?!
속았다!
뭐야,
다들 나한테
왜 이래!
지키리,
이야기 좀
하자!
난 평평시에서
할 일이 많다고!
지키리가
도망간다!
어디로
가야 하지?
안전 요원들,
서둘러 줘!
눈발이 거세지고
있어!
차…
찾았다!

드디어 왔군.
기다리고 있었다!
으하하하
두둥
레스큐맨을
찾았어!

세이프고의 안전 데이터

폭설이란 무엇일까?

폭설(暴雪, heavy snow)이란 짧은 시간에 엄청나게 많은 양의 눈이 오는 것을 말해요.

세이프고, 눈은 어떻게 생기는 거야?

눈이 만들어지는 원리는 비와 비슷해요. 태양열로 바다나 호수가 따뜻해지면, 물은 수증기가 되어 하늘로 올라가요. 이 수증기는 찬 공기를 만나 구름이 되어요. 구름 속에는 물방울과 작은 얼음 알갱이가 가득하답니다.

얼음 알갱이들이 서로 엉겨 붙어 점점 커지면 무거워져서 땅으로 떨어지는데, 이게 바로 **눈송이**예요. 이 눈송이는 내려가는 동안 기온에 따라 **빗방울**로 떨어지거나, **진눈깨비**나 **우박**으로 내리기도 해요. 눈송이가 갑자기 한꺼번에 많이 쏟아질 때 폭설이라고 한답니다.

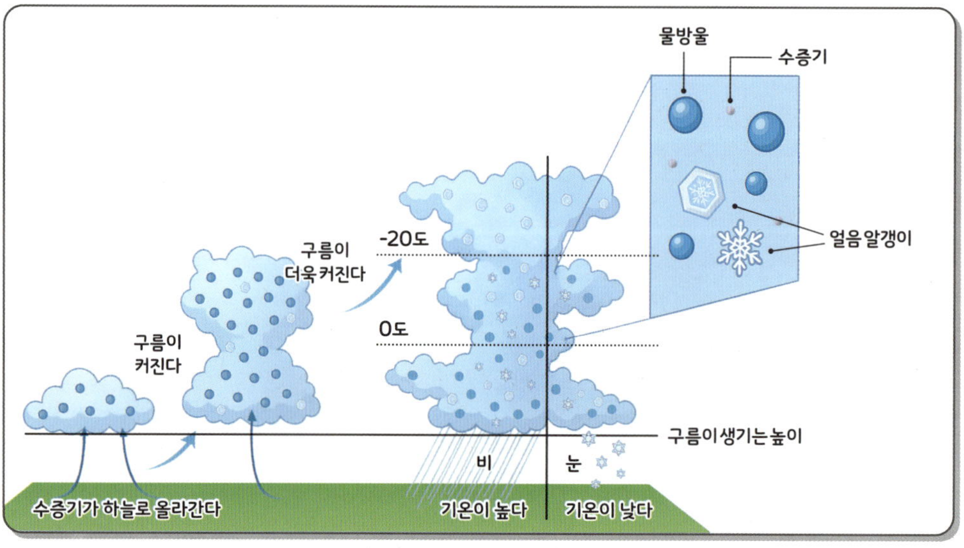

비와 눈이 만들어지는 과정

폭설은 평소 눈 내리는 날씨랑 뭐가 달라?

가장 큰 차이는 내리는 눈의 **양**과 **속도**예요. 보통 눈은 천천히 조금씩 내리지만, 폭설은 갑자기 많이 내려서 위험해요. 짧은 시간 안에 많은 눈이 쌓이면 사람과 차가 다니기 힘들어져요. 도로에서 차가 미끄러지거나 갇히고, 눈 무게에 전깃줄이 끊어지거나 지붕이 무너질 수 있어요. 게다가 강한 바람까지 불면 눈보라가 생겨 더 심각해지죠.

폭설의 기준은 나라와 지역마다 달라요. 우리나라는 특정 지역에 24시간 동안 눈이 5센티미터 이상 쌓일 것이 예상될 때는 **대설 주의보**, 20센티미터 이상 예상될 때는 **대설 경보**로 폭설을 미리 알리고 있어요.

폭설이 자주 오는 곳은 왜 그런 걸까?

폭설은 여러 조건이 함께 맞아떨어져 생겨요. 그중 가장 필수적인 것은 눈의 재료인 **수증기**, 구름을 만드는 힘인 **상승 기류**, 마지막으로 수증기가 얼 정도로 **차가운 기온**, 이 세 가지예요.

먼저 수증기가 생기려면 물이 많이 있어야겠죠? 그래서 **바다나 큰 호수와 가까운 지역**일수록 수증기가 풍부해서 눈이 많이 내려요. 특히 북극이나 남극에 가까운 **고위도 지역**일수록 폭설이 자주 와요. 왜냐하면 햇빛이 약해서 공기가 차갑고 겨울이 길기 때문이에요. 이러한 대표적인 다설 지역으로 일본 홋카이도, 미국의 스노벨트, 러시아 극동 지방, 노르웨이 등이 있어요.

강원도 영동 지역에 폭설이 오는 이유

산이 많은 지역에도 폭설이 자주 와요. 공기가 산을 타고 올라갈 때, 위로 갈수록 기온은 낮고 공기가 누르는 힘인 기압은 낮아지기 때문이에요. 기온이 낮아지면 얼음 알갱이가 많이 만들어지고, 저기압일수록 비와 눈이 내리기 쉬우니 폭설이 오기 안성맞춤인 환경이지요.

히말라야산맥과 알프스산맥 근처에 있는 지역, 우리나라의 태백산맥과 동해안 사이에 있는 강원도 영동 지역, 그리고 울릉도의 눈은 따뜻한 바다에서 불어온 습한 바람이 높은 산을 만나 내리는 거예요.

눈이 쌓인 태백산맥을 넘어가는 도로

3장

안전 가옥으로 대피하라!

레스큐맨,
꼼짝 마!
미끄럼틀을
거꾸로 올라오면
안 돼요!
여러분,
위험하다고요!
마침내!
드디어!
잡았다!
이제 그만
정체를 밝혀!
으악,
왜 이러세요?
전 눈꽃 축제
아르바이트생
이에요.
이건 요즘 유행하는
레스큐맨 복장이고요.
아니라고?
진짜네. 여기저기
레스큐맨처럼 입은
사람들이 잔뜩 있어.

전국적으로 레스큐맨 분장이 유행이라고?
지난 태풍 때 화제가 된 영상 때문인가 보네요….
하하하
그렇다면 진짜 레스큐맨을 어떻게 알아내지?
미안해요~
이제 지키리한테 직접 묻는 수밖에 없어.
앗, 저기!
이건 노는 게 아니라 미끄럼틀 안전 확인이야.
끼야호! 신난다!
쌔앵
따라가자!
딱 걸렸어!

쌔앵
휘익
엇갈렸어!
일단
안전하게 착지!
탁
푹신
으~ 추워.
지키리는
어디로 갔담?
카카오프렌즈도
찾아야 하는데.
어떡하지?
시간이 없어.
지키리는 본부에 맡겨.
현장의 안전 요원들은
폭설 대비에 집중해.
어떻게 생긴
녀석들이지?
윽, 또
저 아이다.

척
위험하게 양손을 주머니에 넣고 빙판 위를 걷고 있네.
미끄러지면 큰일인데.
부웅
!!
휘청
으악, 자빠…!
…질 뻔했지만 세이프!
탁
엑!
미끄덩
이번엔 진짜 자빠진다…!
이런, 위험해!
저대로 빙판길에 넘어진다면 심하게 다칠 거야.
머리
허리
손목
엉덩이
구해야 해!

터
억
아슬아슬 했어!
고맙다는 인사는 됐어. 우리 안전 요원으로서 당연한 일을….
헉헉
스윽
고마워!
행운의 목걸이야!
이런 일쯤이야 다~ 예상했지. 역시 내 초능력은 최고야!
저기! 우리 덕분이거든?
너는 안전 수칙 좀 배워야겠다!

빙판길을 걸을 땐
절대로 주머니에
양손을 넣으면 안 돼.
손이 시리면
장갑을 껴!
발의 보폭은
평소보다 좁혀야
하고.
미끄럼 방지 밑창이
달린 신발을 신으면
훨씬 더 좋아.
뭐야,
이 녀석들.
게다가 사방에 쌓인
흰 눈은 자외선을
반사시켜 눈을
부시게 하지.
그렇다면 바로
나처럼….
후훗
선글라스를 써서
두 눈을 보호해!
부릅
또 사라졌네?
우리 말을
귓등으로도 안 듣던데?
지키리보다
이상한 애야.
텅~
안전 요원들,
얼음 호수 쪽에서
지키리를 찾았어.

얼음
호수라고?
그곳에서
얼음낚시 대회가
열리고 있거든요.
앗, 바람이
너무 세!
휘이잉
얼음낚시터다!
떠들썩
꽁꽁 언 호수 위에서
물고기를 잡는구나.
펑펑
얼음낚시
까르르

점점 날씨가 매서워지고 있지?
네, 눈보라도 심하게 몰아칠 것 같아요.
폭설 예보는 아직인가….
펑펑 얼음낚시
CCTV
큰일이야. 여기에도 사람이 한가득이야.
곧 폭설이 닥칠 텐데….
왁자
지껄

제이지, 저길 봐!
레스큐맨이다!
아니, 또
아르바이트생
이겠지.
평평시 제공
낚시떡밥
평평시 제공
낚시떡밥
거봐, 낚시꾼한테
떡밥을 주고 있잖아.
오, 마침
떡밥이
떨어졌는데.
평평
얼음낚시
떡밥보다
중요한 게 있다!
바로 얼음낚시
안전 수칙이지.
네…?
낚시떡밥
빙판의 두께는
10센티미터
이상!
얼음 구멍은 사람이
빠지지 않을 정도로
작은 크기여야 하고!
15~20센티미터 이하
10센티미터 이상
얼음 구멍으로
물이 차오르면 빙판이
가라앉는다는 신호니까
즉시 대피한다!

✿ **저체온증** 몸의 온도가 매우 낮아지는 병.

나 말고
지키리한테
딱 붙어 있으라고!
안 그래도
찾고 있었는데,
지키리 보셨나요?
응?
흠, 그럼
제 수정구슬로
지키리가 어디 있는지
알아보죠!
차라락
앗,
내 구슬이!
미끌
통
데구르르르
척
내가
필요할 때~
나를 불러 줘~
언제든지
달려갈게~

저 녀석!
보셨죠?
제 수정구슬의
활약을!
그게 중요해?
지키리가
호수 중앙에 있잖아.
저긴 얼음 두께가
제일 얇은 곳인데.
폴짝
특급 구조야!
무조건 달려갈 거야~
타앗
쩌어어억
응? 뭔가
불길한 소리가….
콰직
캬아
차가워어억!!
지키리!
허우적대지 말고
어서 양팔을
얼음 위에 걸쳐라!

무슨 일이야?
얼음 호수에
아이가 빠졌대!
응급 상황입니다!
다들 도와줘요!
가까이 가면
얼음이 더 깨져서
둘 다 위험해.
자, 이 튜브를
잡아!
슈웅
제 신호에
맞춰
당겨요!
영! 차!
영! 차!
촤아악

해냈다!
구명조끼를 입고 있어서 천만다행이군!
에스휴맹? 흐무 후워여! (레스큐맨? 너무 추워요!)
휘릭
저체온증 증상이야! 젖은 옷을 벗고 따뜻한 실내로 가자!
진짜 레스큐맨?!
이봐! 거기 서랏!
호수에 빠진 아이가 지키리였어?
그렇다면 저 사람은…!

휘이이이잉
눈보라 때문에 더 이상 못 가겠어!
방금 대설 예보가 내렸습니다!
눈꽃 축제를 중지합니다!
여러분, 모두 안전한 실내로 이동하세요!
안 돼! 바로 코앞에 레스큐맨이 있는데!
네오, 안 돼! 안전 요원들의 안전보다 중요한 건 없어!

레스큐맨은 그만 쫓고 어서 안전 가옥으로 몸을 피해!
알겠어, 하지만….
온 세상이 하얘서….
길은 물론이고 하늘이랑 땅도 구분이 안 돼!
여러분, 침착하세요.
눈보라로 앞이 보이지 않는 '화이트아웃' 현상이에요.
제 안내에 귀 기울여 주세요.
절대 떨어지면 안 돼. 서로 손을 꼭 잡아!
추운 나라에서의 비밀 요원 시절이 떠오를 정도야.
최근 세계 곳곳에서 유례없는 폭설 현상이 자주 발생하고 있어.
CCTV
지구 온난화로 바닷물의 온도가 올라가며 눈구름을 만드는 수증기의 양이 갑작스럽게 증가한 탓도 있지.

✿**제트 기류** 높은 하늘에서 서쪽에서 동쪽 방향으로 좁고 빠르게 부는 강한 공기의 흐름.

✿**한파** 겨울에 날씨가 갑자기 추워지는 현상.

무사히
안전 가옥에
도착하셔서
다행이에요.
슈우웅
살았다!
오늘 밤은
그곳에서 묵으며
눈보라가 잦아드는 걸
기다리자고.
춘식아,
들어오지 않고
뭐 해?
옆집에도
누군가 있는 것
같아서….
바람
들어온다.
빨리 와.
저 집에서
뭔가가 느껴져요.
싸아아
어서!
휘이이잉
탁
탁

세이프고의 안전 데이터

아름다운 흰 눈 속에 도사린 위험들

폭설은 사람들의 생활과 안전을 크게 위협할 수 있어요. 폭설이 오면 제일 먼저 교통이 멈춰 버립니다. 눈이 두껍게 쌓이거나 길이 얼면 자동차 바퀴가 미끄러져 사고가 나기 쉽기 때문이에요. 또 도로에서 하얗게 쌓인 눈보다 훨씬 더 위험한 건 살얼음인 **블랙 아이스**예요. 투명한 얼음 밑에 아스팔트의 검은색이 비쳐 보여서 이러한 이름이 붙었답니다. 이 블랙 아이스는 잘 보이지 않는 데다가 무척 미끄러워서 큰 교통사고를 일으켜요. 게다가 폭설 상황에서는 열차도 철길이 눈으로 덮여서 다니기 힘들고, 비행기도 눈보라 때문에 이륙하거나 착륙하기 어려워요.

블랙 아이스로 덮인 도로

아름답지만 위험한 상고대

산에서는 **눈사태**가 일어날 수 있어요. 눈사태는 산비탈에 눈이 계속 쌓이다가 무게를 견디지 못하고 한꺼번에 무너져 내리는 현상이에요. 엄청난 양의 눈이 빠른 속도로 모든 걸 집어삼키기 때문에 아주 위험해요. 눈이 내린 뒤에 차가운 공기 속 얼음이 나무나 전깃줄에 달라붙어 **상고대**가 생기기도 해요. 얼음꽃처럼 아름답지만, 나뭇가지가 부러지거나 전깃줄이 끊어질 수 있으니 근처에 가면 안 돼요.

그럼 폭설이 오면 집 안에서 가만히 있어야겠구나.

물론 실내에 머물러야 하지만, 평소보다 할 일이 많을 거예요. 폭설과 한파 때문에 전기, 가스, 수도, 통신을 쓰기 어려워질 수 있어요. 전깃줄이 끊기거나, 보일러가 고장 나거나, 수도관이 얼어붙을 수 있거든요. 심지어 눈이 길을 막으면 외출하기도 어려워 고립되고, 물과 식량까지 부족해질 수 있어요.

게다가 눈송이 하나는 가볍지만, 모이면 어마어마하게 무겁답니다. 집이나 건물 지붕에 눈이 계속 쌓이면 무게를 견디지 못하고 무너질 수 있어요. 특히 젖은 눈은 엄청나게 무게가 나간답니다. 실제로 폭설 때마다 지붕이 내려앉아 큰 사고가 자주 일어나요.

그렇지만 밖에 나가면 더 위험한 거 아니야?

물론이죠. 눈이 많이 오는 날에 바람까지 강하게 휘몰아치면 그 추위는 뼛속까지 스며들 정도지요. 이렇게 매서운 눈 폭풍을 **블리자드**라고 해요. 블리자드는 눈을 사방에 날려서 온 세상을 새하얗게 만들기도 해요. 이 현상을 **화이트아웃**이라고 하는데, 화이트아웃이 오면 코앞에 있는 것도 알아볼 수 없을 정도예요. 하늘과 땅을 구분하기도 어려워서 길을 잃고 눈보라 속에 갇히거나, 교통사고가 날 수 있어요. 또 폭설 때는 미끄러운 빙판길 때문에 넘어져서 다치기 쉬우니 걸을 때도 주의해야 해요.

눈이 많이 오면 추우니까 감기도 조심해야겠네.

맞아요. 차가운 공기를 오래 마시면 기침이나 감기 같은 호흡기 질환에 잘 걸려요. 게다가 추운 곳에 오래 있으면 몸이 점점 식으면서 **저체온증**이 생길 수 있어요. 저체온증은 몸의 온도가 정상 체온인 36.5도보다 밑으로 떨어져서 몸이 떨리고, 어지럼증이 생기고, 심하면 목숨까지 잃는 병이에요.

또 손발이나 귀 같은 몸의 끝부분이 추운 날씨에 땀이나 물에 젖으면 얼어붙어 피가 잘 통하지 않아요. 이걸 **동상**이라고 하는데, 심하면 얼어붙은 몸의 일부를 잘라내야 치료할 수 있는 무시무시한 병이에요.

안전 지식을 점검해 볼까?

안전 마스터! OX 퀴즈

❶ 아주 많은 눈이 **하루 종일** 계속 내려야 폭설이라고 한다. ········· O X

❷ **눈송이의 결정**은 모두 제각각 모양이 다르다. ········· O X

❸ 지구에서 가장 눈이 많이 내리는 곳은 **남극**이다. ········· O X

❹ 눈이 올 때 조용해지는 이유는 눈송이가 **소리를 흡수**하기 때문이다. ········· O X

❺ 눈이 내릴 때도 **천둥과 번개**가 칠 수 있다. ········· O X

정답

QUIZ ❶ X : 하루 종일 눈이 내리지 않아도 얼마 동안 한곳에 온 눈의 양이 일정 기준을 넘으면 폭설이야.

QUIZ ❷ O : 눈송이를 이루는 결정은 기본적으로 육각형이지만, 온도와 습도에 따라 모양이 달라져서 세상에 똑같이 생긴 눈송이는 없어.

QUIZ ❸ X : 남극은 얼음으로 덮여 있지만, 사실 무척 건조해서 눈은 많이 내리지 않아.

QUIZ ❹ O : 눈송이 사이에는 빈틈이 많아서 마치 스펀지처럼 소리를 잘 흡수한대.

QUIZ ❺ O : 눈이 내릴 때 생기는 천둥과 번개는 '뇌설'이라고 해. 폭설이 심할 때 강한 눈보라 속에서 가끔 일어나.

4장

눈 치우기 대작전

평펑 뉴스에서 전해 드립니다. 평펑시 전체에 내려진 대설 주의보가 대설 경보로 바뀌었습니다.
휘이이잉
야외 활동을 삼가고 안전한 실내에 머무르시기 바랍니다.
대설 주의보? 대설 경보?
우리나라 기상청에서는 24시간 동안 5센티미터 이상 눈이 쌓일 예정이면 대설 주의보를 내려요.
20센티미터 넘게 쌓일 것 같으면 대설 경보를 알리고요.
안전 가옥의 물품들로 폭설과 한파에 대비하도록 해!
나는 보일러실에 가 보도록 하지.
수도 계량기 확인은 내가 할게!
생존 배낭에 뭐가 있을까?

다행히
난방은 문제없어.
여기 전기난로도
있군. 오 예!
수도 계량기가
얼어서 물이
안 나오면
큰일이지.
담요로 감싸서
찬 공기를 막자.
생존 배낭 안의
물품들은 넉넉해.
또 수도가 얼 때를
대비해서 욕조에
물도 받아 놓았어.
계속 옆집이
신경 쓰이네….
도도도
밖에 눈이
얼마나 쌓였는지
보고 올게!
꽥!
푹!

파앗
벌써 이만큼이나 쌓였어!
아무래도 수맥을 확인해야겠어요!
또 무슨 헛소리야?
옆집이다!
역시 누군가 있었어.
눈이 지붕까지 쌓일 때를 대비해서….
끈으로 연결해서 표시해 두자!
팽
팽
바로 그 옆집에서는….
스륵
이것 보세요!

✿ **다우징 로드** 점술로 땅속의 수맥이나 물체를 찾을 때 쓰는 막대. 과학적인 근거는 없어요.

자, 포근한 벽난로에!
굴뚝 청소를 해야겠지만….
콜록!
뭉게
뭉게
굴룩
비상식량도 잔뜩이다!
어디 보자, 유통기한이… 작년까지?
물과 전기도 빵빵…하지 않군.
끼릭
끼릭
청구서가 잔뜩 밀렸는데요?
하나도 준비된 게 없잖아!
괜찮아요. 제가 생존 배낭을 챙겨 왔거든요.
질질

라디오와 텐트, 거기다 식량까지 들어 있었군.
지키리, 제법인데?
헤헤…. 지진이랑 태풍 때 배운 거예요.
라면
따뜻한 음식을 먹으면 추위가 가실 게다.
꺄~ 라면이다!
좋은 수맥이 흘렀나? 맛있어~
후루룩
고마워요, 레스큐맨.
얼음 호수에서 구해 주신 것도 그렇고….
평소에도 잘 보살펴 주시고… 꼭 저희 아버지 같아요!
내, 내가?

찌잉~
이 녀석, 날 감동시킬 줄도 알고….
장하군.
하지만 나까지 나약해질 수 없지!
에잇, 어리광부리지 마라!
사람들을 구조하랬지, 구조당하면 어떡하냐!
ㅋ
힝…. 죄송해요.
어서 자라. 내일도 구조 활동으로 바쁠 테니까.
알겠습니닷!
배불러~
지키리, 네가 훌륭한 구조대원으로 거듭나기 위해서 난 여기서 빠져야겠구나.
쿨쿨
흠냐
부디 오드리와 함께 잘 헤쳐 나가라!

카카오프렌즈를 이기고
최고의 구조대원으로
우뚝 서거라!
아버지로서는 곁에
있어 주고 싶다만….
휘이이잉
영웅의 길은
고독한 법이지….
으, 추워.
담요라도 가져올
걸 그랬나.
휘오오오
이튿날 아침!
펑펑 뉴스에서
알려 드립니다.
오늘 아침,
펑펑시에 내려진
대설 경보가 해제되고
대설 주의보로
바뀌었습니다.
치직
치지직
아침에
빵 먹어라.
-레스큐맨-
내리던 눈은 그쳤지만,
밤 동안 최고 1미터
높이까지 눈이 쌓인 곳도
있습니다.
뿌득
흐엥?

시민 여러분,
제설 작업에 적극적인
참여 부탁드립니다.
뿌득
뿌드득
뿌드득?
무슨 소리지?
오드리가
이라도 갈고
있나.
아니거든.
천장에서 나는
소리 같은데?
뿌득
뿌드득
레스큐맨은
어디 있어?
글쎄,
일어나 보니까
없던데.
뿌득
우물
우수수
아무래도 지붕이
쌓인 눈을 못 버티고
부서지고 있나 봐.
뿌드득
어제 내가 여긴
안 좋은 수맥이
흐른다고 했지!
뿌득
뿌드득
그게 아니라
이 집은 지붕의 경사가
완만한 데다가….
콘크리트가 아닌
목조 주택인데 밤 동안
눈을 안 치워서 그래!
탈출해야 해!
벌컥
같이 가!

푸욱
벽?
눈 벽에 갇혔어!
안 돼! 어떡하지?
살려 줘!
거기 누구 없어요?
푹
어제 춘식이가 끈으로 미리 표시해서 다행이야.
푹
거의 다 팠어.
푸욱
푹
누, 누구지?

카카오프렌즈?
지키리?
우르르르
뭐야, 얘네가
카카오프렌즈라고?
어제 본
그 이상한 애도
있네!
잘 만났다,
지키리!
레스큐맨은
어디 있어?
몰라~
알아서 뭐 하게!
기다려!
물어볼 게
많다고!
레스큐맨의
정체를 말해!

개한테 물어봤자 모를걸? 레스큐맨은 오직 나만 찾을 수 있어.
엥? 무슨 소리야.
레스큐맨의 연락처는 나만 알고 있는데?
앗, 이건 비밀이지!
우리 대피소 주변에 쌓인 눈을 모두 치우면 레스큐맨에 대한 정보를 줄 수 있을지도….
눈을 치우라고?
이걸 다?!
우수수…
우선 대피소 앞 큰길에 쌓인 눈부터 치워 줘.
지금 당장?
우리 넷이서 가능할까?
수~북

드드드드드
BAE BAE
제설차다!
눈이 순식간에 치워졌네~
다행이야!
블레이드 제설차로군요! 넓은 도로의 눈을 한꺼번에 밀어내면서 제설제를 뿌린답니다.
제설제?
제설제는 물의 어는점을 낮춰 도로 위의 눈이나 얼음을 녹이는 화학 물질이에요.
원래 물은 0도 이하부터 얼기 시작해요. 하지만 제설제를 뿌리면 물이 영하 50도 정도가 될 때까지 얼지 않는답니다.
물 물 물 물 물
물 물 물 물 물
물의 어는점 : 0도
제설제 제설제 제설제
물 물 물 물
물+제설제의 어는점 : 약 -50도
또 제설제의 염화 칼슘은 물을 흡수해서 열을 일으켜 눈을 녹이지요.
물 물
염화 칼슘
물 물

하지만 금속과 콘크리트를 상하게 하고 동식물에게도 좋지 않아 적절하게 사용해야 한답니다.
그럼 큰길은 됐어!
대피소 옆 언덕길의 눈을….
깔끔
어라라?
눈이 다 사라졌어!
도로에 깔린 열선 덕분이에요.
다설 지역에서는 경사가 급한 길이나 비행기 활주로 같은 곳에 전기로 열을 발생시켜 눈을 녹이는 열선을 설치한답니다.
열선
그럼 대피소 앞에 쌓인 눈만 치우면 되지?
다하면 레스큐맨에 대해 알려 주기다!
약속 꼭 지켜~

물론이지!
레스큐맨과 나는
텔레파시로 끈끈하게
이어져 있거든!
텔레파시?!
텔레파시라니,
설마….
맞아!
이렇게 집중하면
레스큐맨의 목소리가
들린다고. 자….
지이잉
삐삐삐
통했다?!
안전 요원들,
긴급 상황이야!
콘?
텔레파시가
아니네.
레스큐맨의 정체를
밝히는 일보다
급한 일이야.
어제 평평시를 떠난
영이네 차가 산길에서
실종되었대.

든든시에서 기다리던 영이네 엄마가 신고했어!
차가 눈길에 갇혔나?
깊고 험한 산이라 제설차가 가기 힘든 곳이야.
드르륵
응? 차고 문이 열렸어!
크르르르…
뭐야?!
으르렁
카카오프렌즈, 눈을 치워 줘서 고마워!
덕분에 이제 개 썰매를 몰 수 있겠네.
부앙
오드리, 출동하자!
스노모빌 따위로 내 썰매 개들을 상대할 수 있을까?
왈왈
왈

영이는
우리가 구한다!
카카오프렌즈,
너네는 손가락이나
빨고 있으라고!
지금 가는 건
위험해!
촤아아악
이런,
기다려!
무모해…!
이건 마치….
그때
화산으로 뛰어든
'그 구조대원'과
똑같아….
세이프고!
영이네 자동차의
위치 정보를
알아봐 줘.
어떡하죠?
폭설 때문에
통신이
불안정해요.
평평시
NOW LOADING
그럼, 내 눈으로
직접 찾아야겠군.
번뜩

위이이잉
정찰 드론,
출동이다!
산속은 도시보다
눈보라가 심하고 길도
험하니 자동차 안에
안전히 있어야
할 텐데.
슈우웅
부디
별 탈 없기를….
전날 밤, 눈 속에 갇힌 영이와 아빠!
아빠,
눈보라가 더
심해졌어요!
휘이이잉
어떡하지?
눈 때문에
아무것도
보이지 않아!

세이프고의 안전 데이터

폭설이 온다! 어떡하지?

폭설이 닥치면 갑자기 많은 눈이 쏟아져서 위험해질 수 있어요. 그래서 미리 준비하고 조심하는 게 무엇보다 중요하답니다.

폭설이 올 때 집에서 뭐부터 확인해야 해?

집 안에 있다면 보일러와 난방 기구를 미리 점검하고, 수도가 얼어서 터지지 않도록 헌 옷이나 담요로 감싸서 따뜻하게 해 주어야 해요. 수도꼭지를 살짝 열어서 물이 조금씩 흐르게 하면 좋아요. 그래도 혹시 모를 상황에 대비해 미리 욕조 같은 곳에 물을 받아 두면 든든하겠죠?

폭설로 전기가 끊길 수도 있으니 손전등, 건전지, 휴대용 라디오도 준비해 두세요. 마지막으로 눈 때문에 밖에 나가지 못하는 상황이 닥칠 수 있어요. 그러니 비상식량과 상비약을 미리미리 마련해 놓으면 좋아요.

만약에 밖에 나가야 한다면 어떡하면 좋을까?

폭설 상황에서는 실내에 머무르는 게 제일 안전하지만, 꼭 외출해야 한다면 두껍고 무거운 겉옷 하나를 걸치기보다는 **여러 벌을 겹겹이** 입도록 해요. 여러 겹으로 입어야 옷 사이사이에 공기층이 생겨서 차가운 바람을 막아 주고 몸에서 나온 열도 가둬 주거든요. 또 모자, 목도리, 귀마개, 장갑도 꼭 챙겨서 몸을 따뜻하게 해 주세요.

신발은 물에 젖지 않는 겨울용 장화나 바닥이 울퉁불퉁하고 미끄럼 방지 밑창이 있는 신발을 신어야 해요. 뾰족한 스파이크를 신발 밑에 끼워도 좋아요. 빙판길을 걸을 때는 보폭을 평소보다 좁게 하고, 발바닥 전체를 붙이며 천천히 걷는 게 안전해요.

주머니에 손을 넣거나 휴대 전화를 보며 걸으면 미끄러질 때 다칠 수 있으니, 장갑을 껴서 양손을 자유롭게 두어야 해요.

뾰족한 스파이크를 신발 밑에 끼우면 빙판길에서도 미끄러지지 않아요.

집 앞에 눈이 많이 쌓였을 때는 어떡하지?

집 주변에 눈이 많이 쌓이면 어른과 함께 **눈삽**이나 **넉가래**로 치워 주세요. 눈을 치울 때는 무거운 눈을 한꺼번에 들지 말고 조금씩 나누어 퍼내야 다칠 위험이 줄어요. 또 눈이 오면 길이 얼지 않도록 미리 **염화 칼슘**이나 **염화 나트륨**으로 된 **제설제**나 **모래**를 뿌리기도 하지요. 제설제는 직접 만지면 피부가 상할 수 있으니 조심하도록 해요. 이렇게 눈을 치우는 걸 **제설**이라고 해요.

집 앞, 특히 경사진 곳이나 계단은 미리미리 눈을 치워요.

제설에 필요한 도구들은 **제설함**이라는 상자에 들어 있답니다. 제설함은 거리에서 쉽게 찾아볼 수 있는데, 이 안의 제설 도구들은 누구나 사용할 수 있어요. 또 **제설차**가 도로의 눈을 치우며 길이 더 얼지 않도록 제설제를 뿌리기도 하고, 미리 도로에 **열선**을 깔아서 눈을 녹이기도 하지요.

아이슬란드의 도로에 열선을 설치하는 모습. 열선 도로는 블랙 아이스를 방지할 수 있어요.

또 폭설을 대비해 알아 두면 좋을 것들이 있을까?

길이 미끄러워서 자동차는 운전하지 않는 게 좋지만, 이동이 꼭 필요한 상황이라면 부모님이 **겨울용 타이어**나 **스노 체인**을 준비했는지 여쭤보세요. 출발하기 전에는 차창에 낀 얼음을 치우는 걸 돕고, 기름이나 배터리처럼 자동차를 몰 때 꼭 필요한 연료들이 충분한지 확인해 보세요.

폭설은 생활을 불편하게 할 뿐 아니라, 목숨까지 위협할 수 있는 무서운 자연 현상이에요. 하지만 우리가 미리 준비하고 조심한다면 폭설이 와도 당황하지 않고 안전하게 지낼 수 있어요.

5장

고요한 설산 속 SOS

이 고개만 넘으면 되는데….
휘이이이잉
길에 눈이 쌓인 데다가 눈보라 때문에 더 못 가겠어.
아빠, 통신도 먹통이야!
큰일이구나. 해도 곧 저무는데.
일단 비상등을 켜고 갓길에 차를 세워야겠어.
영이는 차 안에 있으렴.
산악부 에이스 출신인 아빠만 믿거라!
나라도 왔던 길을 돌아가서 도움을 청해야겠어.

어떻게
믿냐고!
퍼억
흐억!
눈보라가 이렇게
몰아치는데 길을
무슨 수로 찾아!
그, 그런가?
자, 스키복
입어요!
몸을
따뜻하게
해야지.
10분마다
시동을 걸면서
히터를 틀면
차내 온도는
괜찮을 거고….
부릉
부릉
지잉
틈날 때마다
창문을 열어서 환기도
해야 하죠?
참,
제일 중요한 걸
잊을 뻔했네!
또 어디
가는 건
아니지?

배기구가 눈에 막히면
차 안으로 배기가스가
들어와서 아주 위험해.
배기구 앞의 눈을
계속 확인하면서
치우자꾸나.
털
털
털
구조대가
발견할 수 있게
자동차
전조등도
켜 놓자.
빵
빵
경적도
생각날 때마다
울려 주고!
무사히 집으로
돌아갈 수 있겠지,
영이야?
휘이이이잉
뭘 걱정해 아빠!
우린 지진이랑 태풍도
잘 이겨냈잖아.
이튿날 아침….
아빠,
일어나!
으응?

헉!
나도 모르게
잠에 들었네.
배기구 앞은
문제없어. 눈도 좀
그친 것 같고.
고맙구나,
우리 딸.
눈 때문에
이렇게 흐린데
구조대가 우리를 잘
찾을 수 있을까?
이건
어떨까?
빨간 목도리랑
담요로 우리 위치를
표시하는 거야.
좋은 생각이야!
사방이 하얀 눈이라
눈에 잘 띄겠구나.

위이이잉
영이야,
드론이야!
여기요!
사람 있어요!
영이랑 영이 아버님?
곧 저희 안전 요원이
도착할 거예요.
차 안에서
기다려 주세요.
살았다!
달려라 달려~
멍멍이 군단아!
내 스노모빌이
더 빠르거든?
왈왈왈
한편, 펑펑시에서 출발한
지키리와 오드리는….
훗, 레스큐맨이
미덥지 못한 너를
나한테 부탁한 것도
모르니?
거짓말쟁이!
이제 네 말에
안 속아!

멍멍이들아
잠깐….
여긴 어디?
길을
벗어난 것
같은데…?
부
웅
푹
푹
레스큐 본부
RESCUE
지키리?
오드리!
도대체 어디야?
응답하라!
CCTV
CCTV

위치 추적기도 먹통이군.
이 녀석들…. 도로 제설 작업이 끝나고 출발했어야지!
바로 저 약삭빠른 카카오프렌즈처럼 말이야!
CCTV
이러고 있을 때가 아니지. 빨리 아이들을 구해야 해.
하지만 아무리 나라도 혼자서 저 넓은 설산을 뒤지기엔 역부족이야. 크윽 그렇다면….
슈우우웅
아빠, 제설차가 도착했어요!
제설차가 커다란 블레이드와 고속 송풍기로 한꺼번에 많은 눈을 치울 거야!

카카오프렌즈! 또 만났네!
영이야, 괜찮아?
응, 우리 아빠도 무사해. 이번에도 도움을 받았네.
덕분에 집에 무사히 갈 수 있겠어.
우린 제설차를 따라 든든시로 돌아가도록 하마.
카카오프렌즈, 고마워!
부우웅
그럼 우린 다시 평평시로 가 볼까?
폭설 피해를 입은 사람들을 도와야지.

안전 요원들! 새로운 구조 요청이야.
뭔데? 바로 갈게!
아니, 이건…!
레스큐맨으로부터 온 SOS야!
뭐?!
세이프 뱅크와 임시 본부를 엉망으로 만들고 사사건건 우리를 방해한 그 레스큐맨이 도움을 요청했다고?
속사포군, 네오!
하지만 한시가 급한 상황이야.
설명보다 그가 보낸 영상을 보는 게 빠르겠군.
팟
레스큐맨이 카카오프렌즈에게 고한다.
거짓말이지?

그래, 내가 너희들이 그렇게 쫓고 있는 레스큐맨이다. 하지만 잠시 화해를 청하고 싶다.
왜냐하면… 현재 지키리와 오드리가 설산에서 실종되었기 때문이다.
그 아이들을 무사히 구한다면 그동안 내가 저지른 짓에 대해 사과하지.
그리고 이 가면 밑의 얼굴을 보여 주마!
비밀 요원인 내가 보기에 이건 진짜 레스큐맨이 틀림없어.
스스로 정체를 밝히겠다니 꽤 급한가 보네?
레스큐맨에 의하면 지키리와 오드리는 영이를 구하러 갔다가
설산 어딘가에서 조난된 것 같다는군.
흥, 레스큐맨이 그렇게까지 말하지 않아도….
부릉 부릉
당연히 둘을 구출할 거야! 우리는 글로벌 안전 요원이니까!

위험과 재난이 있는 곳이라면 어디든지 달려간다고!
나도 정찰 드론으로 지키리와 오드리를 찾아볼게.
부우웅
위이잉
지~키~리~!
오~드~리~!
우리 목소리 들려?
촤락
둘이 펑펑시를 떠난 지도 벌써 꽤 되었는데… 괜찮을까?
사람의 몸은 체온을 36~37도 정도로 유지하는데
오랜 시간 추운 곳에 있으면 체온이 35도 이하로 떨어지는 저체온증에 걸려 무척 위험해요.
어떡하지… 응?
와들

오드리의
썰매 개들
이다!
끈을 풀어 줘!
오드리가 있는 곳으로
안내할지도 몰라.
멍멍
맞아,
개의 충성심과
후각은
뛰어나잖아.
왈왈
자, 가라!
킁킁
이 녀석들~
토끼를 쫓는 게
아니야!
쑤욱
오드리를
찾았어!

괜찮은 거야?
온몸을 떤다면 저체온증일 거예요.
추, 추워!
저체온증에 걸리면 기억력과 판단력이 나빠져요.
누, 누구세요?
후후… 내 행운의 목걸이와 팔찌를 탐내는 녀석들이구먼….
한마디로 제정신이 아니라는 거죠.
서둘러요! 이대로라면 정신을 잃고 영영 못 깨어날 거예요.
평소랑 똑같긴 한데….
빨리 몸을 덥혀야겠어. 담요랑 손난로를 가져올게.
왈왈
괜찮아! 강아지가 손난로를 대신하고 있어.
마셔! 따뜻한 차야.
꼬옥

이제 지키리만
구하면 되겠네.
쉿, 조용!
눈 오는 날은
아주 고요하잖아.
소리로 지키리가
있는 곳을
찾아보자.
튜브 말대로예요.
눈송이는 스펀지처럼
사이사이 빈틈이 많은
구조거든요.
눈송이의 빈틈으로
소리가 흡수되어서
눈이 내리는 날은 아주아주
조용해지는 거랍니다.
세이프고도
쉿!
쉬-
합!
지…
키…
리…
살…
려…
어….

지키리 목소리다!
저기서 들렸어!
엥? 멀쩡히 걷고 있잖아?
뭔가 이상한데? 빙빙 한곳을 돌고 있어!
여긴 어디야?
오드리~ 대답해~!
아무것도 안 보여!
흰 눈에 햇빛이 반사되어서 눈앞이 흐려지는 설맹 현상이 왔나 봐요!
아까부터 발가락도 너무 아파!
피부가 얼어서 혈액 순환이 되지 않는 탓이에요. 저러다 발도 동상에 걸리겠어요.
내 소중한 선글라스를 빌려줄게!
여기 내 겨울용 오리발 여분도 신어!
설마 카카오프렌즈?
지키리와 오드리 모두 구출했어!

콘,
스키장 입구에 도착했어.
탈것을 부탁할게!
오케이, 잠시만
기다리면… 응?
펄럭
부탁한 대로
둘을 잘 찾았군,
카카오프렌즈!
하지만
이를 어쩐다?
적과의 약속은
지키지 않는 게
내 철칙이라서!
가자,
얘들아!
배신자!
당했다!

후후,
내 정체가
궁금한가?
힌트 하나 주지.
너희들은 이미
답을 알고 있어!
왈 왈
왈
아디오스~
스키 상급 코스로
올라가는 리프트야.
우리도
올라타자!
아니,
이럴 때가
아니야.
우리
글로벌 안전 요원을
필요로 하는 곳은
따로 있잖아.
바로 폭설을
겪고 있는 펑펑시지.
레스큐맨을 잡는 건
다음으로 미루자.
분해~!
이 녀석들
두고 보자!

저기,
레스큐맨?
카카오프렌즈는
생각보다 나쁜
녀석들은 아닌 것
같던데요.
혹시…
경쟁하지 말고
서로 도우면 더 좋지
않을까요?
카카오프렌즈에게
단단히 속고 있군…
지키리.
레스큐 가문은
오랫동안
구조대로서
존경받아 왔어.
그런데 그걸 시기한
세이프고와
카카오프렌즈가
우리의 자리를
넘봤지.
오랜 세월 경험을
쌓아온 선배에게
과학이니 예방이니
하면서 말이야….
엥, 맞는 말
아니에요?
시끄러워!
노련한 베테랑을
존중하지 않는
몹쓸 것들이라고!
아우우우울~
구조대원에게
필요한 건 용기와
배짱이야!
동의합니다!
그리고
제 초능력도요!

세이프고의 안전 데이터

차가운 재난에서 살아남기

갑자기 많은 눈이 쏟아지는 폭설 상황에서는 순식간에 눈 속에 갇히는 일이 생길 수 있어요. 이럴 때는 무엇보다 **체온을 유지하는 것**이 중요해요. 집 안이라면 난방도 중요하지만 옷을 여러 겹 껴입는 게 좋아요. 석유 난로나 장작 난로를 사용할 때는 추워도 틈틈이 창문을 열어 환기를 하고요.

자동차로 이동 중 눈보라가 치는 길에 갇힌 상황이면, 움직이는 것이 훨씬 위험해요. 비상등을 켜고 갓길에 차를 세우도록 해요. 차 안을 따뜻하게 하고 시동을 걸었다 껐다 반복하며 창문을 조금 열어 환기해야 하고요. 눈이 배기구를 막으면 자동차 안에 배기가스가 들어와 위험할 수 있으니 배기구 주위를 자주 살펴 눈을 치워요. 함부로 차 밖으로 나가지 않고 최대한 차내에 머무르며 체온을 유지해요. 밤에는 전조등을 켜거나 경적을 울리고, 눈 위에 색깔이 튀는 옷을 펼쳐 두면 구조대가 쉽게 찾을 수 있답니다.

스키를 타거나 산을 오르는데 갑자기 눈이 많이 오면 어떡하지?

밖에서 폭설이나 눈보라를 만나면 먼저 바람을 막을 수 있는 곳을 찾아야 해요. 큰 바위 뒤, 나무가 가득한 숲, 또는 눈을 파서 만든 작은 동굴 같은 공간도 도움이 되지요. 마른 담요나 신문지, 종이 박스 등으로 최대한 찬 바람을 막도록 해요. 옷이 젖지 않도록 조심하고, 혼자가 아니라면 서로 꼭 붙어서 체온을 나누는 것도 좋아요.

추워서 몸이 덜덜 떨려… 병에 걸린 거야?

저체온증에 걸리면 나타나는 증상이에요! 우리 몸은 체온을 일정하게 유지하려는 성

질이 있어요. 하지만 체온이 35도 아래로 내려가면 저체온증이 생겨 아주 위험해질 수 있어요.

체온이 32~35도로 내려가면 몸이 엄청나게 떨리고, 피부에 닭살이 돋아요. 그리고 점점 졸음이 쏟아지는 데다가 입가 근육이 굳어서 말이 어눌해져요. 체온이 떨어지면 뇌는 몸의 열을 빼앗기지 않으려고 심장 박동, 호흡 등 신체 활동을 줄이기 때문이에요. 피부나 입술이 파래지는 **청색증**이 나타나기도 해요. 체온이 28~32도까지 내려가면 몸을 떨 에너지도 없어서 몸이 뻣뻣해져요. 28도 밑으로 떨어지면 생명을 잃을 수 있어요. 그러니 저체온증이 발생하면 빨리 병원에 가거나 실내에서 몸을 따뜻하게 해야 해요. 이때 갑자기 뜨거운 물이나 난로를 맨살에 직접 대면 무척 위험해요. 사람 체온 정도의 따스한 것으로 몸을 데우고 따끈한 음료를 조금씩 마시는 것이 좋아요.

19세기 유럽을 정복한 프랑스의 황제 나폴레옹도 러시아의 추위 앞에서는 속수무책이었어요. 영하 30도의 눈보라 속에서 나폴레옹의 병사들은 동상, 저체온증, 굶주림에 시달렸고 결국 나폴레옹은 러시아 원정에 실패하고 말았어요.

너무 추운 곳에 있으면 손발이나 코, 귀 같은 몸 끝부분이 얼어붙는 **동상**에 걸릴 수 있어요. 동상은 추위로 인해 피가 잘 통하지 않아 살이 어는 병이에요. 동상이 생기면 피부가 붓고 따끔거리다가, 피가 나면서 보라색으로 변해요. 이럴 때는 상처가 날 수 있으니 동상에 걸린 부분을 세게 비비지 말고, 미지근한 물에 담가 천천히 녹이고 빨리 병원에 가도록 해요. 눈이나 땀에 젖은 양말과 신발은 발에 동상을 걸리게 하니 바로 갈아 신거나 벗어서 발을 말리도록 해요.

마지막으로 눈밭을 오래 보면 우리 눈에 **설맹**이 생길 수 있어요. 하얀 눈에 햇빛이 강하게 반사되어서, 눈의 각막이 화상을 입는 병이에요. 눈에 모래가 들어간 것처럼 따갑고 눈물이 나고 눈앞이 흐려질 수 있어요. 심하면 시력이 나빠지기도 해요. 그래서 눈이 많이 오면 선글라스나 자외선 차단 고글을 써서 소중한 눈을 보호하도록 해요.

안전 지식을 점검해 볼까?

안전 마스터! OX 퀴즈

❶ 수증기가 얼어서 공중에 생긴 얼음 가루를 **다이아몬드 더스트**라고 한다. O X

❷ 눈이 오면 날씨가 흐려서 **선글라스**가 필요 없다. O X

❸ 알프스산맥에서 활약하는 **구조견 세인트 버나드**는 눈보라 속 추위를 이기기 위해 털이 복슬복슬하고 길다. O X

❹ 빙판길에서 넘어지면 **손바닥**으로 바닥을 짚는 게 안전하다. O X

❺ 동상은 손발, 귀, 코 같은 몸의 **끝부분**에 잘 생긴다. O X

정답

QUIZ ❶ O : 기온이 영하 20도 이하로 아주 추울 때 다이아몬드 더스트가 생겨. 햇빛을 받으면 공중에서 반짝반짝 보석처럼 빛나서 이런 이름이 붙었어.

QUIZ ❷ X : 흰 눈이 구름 사이로 들어오는 자외선을 반사시켜. 이 자외선은 눈을 아프게 할 수 있어서 선글라스나 고글은 필수야.

QUIZ ❸ X : 털이 길면 눈과 얼음이 엉겨 붙기 쉬워서, 구조견인 세인트 버나드의 털은 짧고 두꺼운 경우가 많아.

QUIZ ❹ X : 손목이 꺾이거나 손목뼈가 부러질 수 있어. 몸에 힘을 빼고 옆구리로 굴러서 충격이 한곳에 모이지 않게 해야 해.

QUIZ ❺ O : 우리 몸은 추울 때 피를 심장 중심으로 모아. 그래서 피가 잘 돌지 않는 끝부분이 먼저 얼어붙어 동상에 걸리기 쉬워.

6장

눈사태가 온다!

세이프고,
안전 요원들
상황은 어때?
펑펑 스키장의
눈을 치우느라
바쁜 것 같네요.
제설차가
갈 수 없는 곳도
많아서 직접 눈을
퍼내야 해요.
지붕 위 눈을 치우다
떨어질 뻔한 사람도
구했고요.
제 손을
잡으세요!
레스큐맨 일행의
행방은?
눈으로 무너진
매점 건물도
복구하고 있어요.
다친 사람이
없어서
다행이야.
자, 나를
따라오너라!
리프트를 타고
스키 상급 코스
꼭대기에
도착했어요.

한가롭게 스키나 탄다고? 무슨 꿍꿍이속 이길래….
설마, 레스큐 본부가 그 근처에 있는 건가?
눈은 그쳐서 다행인데, 구름이 걷히면서 날씨가 따뜻해지고 있어요.
그럼 쌓인 눈이 녹을 테고….
눈사태로 이어질지도 몰라요!
기온이 오르면 눈이 녹으면서 물기가 늘어나 무거워지고 마찰력이 줄어들어요.
새로 쌓인 눈
녹으며 미끄러짐
얼음층
땅의 열로 수증기 증가
그럼 쌓인 눈이 얼음층 위에서 미끄러지며 눈사태가 일어나는 거죠.
설산에 있는 스키장이 큰일이야!
게다가 대설 주의보가 해제되면서 다시 관광객이 몰려왔는데….

스키장에 있는 안전 요원들에게 눈사태를 대비시켜야 해!
세이프고, 쌓인 눈 상태를 계속 확인해 줘!
휘오오오
그때, 레스큐맨과 아이들은….
여기서 스키랑 스노보드로 산을 내려가면 바로 레스큐 본부에 도착이다.
휘이이잉
카카오프렌즈에게 본부 위치를 들키지 않도록 조심하고.
자, 내 뒤를 잘 쫓아와라!
아우울
왈왈왈
얘들아, 조용히 해!
스륵
소리가 진동을 일으켜 눈사태가 생길지도 몰라.

뭐, 그 정도로 큰일이 나진 않지만 조심해서 나쁠 건 없지. 눈사태의 원인은 다양하거든.
벼랑 끝에서 무너지는 눈 더미,
나무 위에서 떨어지는 눈덩이,
산짐승의 움직임이 하나하나 모인다면 눈사태를 일으킬 수 있지.
후두둑
투둑
폴짝
토끼다!
쩌어억
땅이 갈라…졌어?
레스큐맨!
후후
놀랐나? 몸으로 뛰는 활약에 가려졌지만 지식도 뒤지지 않는다고.
벼는 익을수록 고개를 숙인다는 거지. 하하!

눈사태는
비탈 경사가 30도에서
50도 사이인 곳에서
자주 발생하지.
또 오목하게
파인 곳보다 볼록하게
솟은 곳이 더 위험해.
방금 우리가 지나온
언덕처럼 말이다.
늘어나는 힘
갈라지기
쉬운 곳
늘어나는 힘
볼록한
지형
오목한
지형
눈사태가
나기 좋은 시기는
바로 2월! 해가 높이 뜬
정오부터 오후 4시
사이이다.
호오,
공교롭게도 바로
지금이군!
레스큐맨!
뒤를 봐요!
우르르르
으아악!
진짜
눈사태다!
삐-
스키장
산꼭대기에서
눈사태가 시작
되었어요!
그곳에
레스큐맨 일행이
있고요!

잡았다,
지키리!
터억
오드리도
내 어깨를
꽉 잡아!
그, 그래.
멍멍이들도!
쿠구구궁
촤아아악
눈보다 빨리
내려가면 돼!
무턱대고
도망쳐 봤자야!
세이프고, 눈사태의
예상 경로를
알려 줘!

브이(V) 모양의
협곡 가운데로
눈이 쏟아질 거예요.
어서 협곡의
양쪽 기슭으로
내려가야 할
텐데요.
눈사태 시작점
경사가 가장
급하게 바뀌는 곳.
갈라진 부분에서
눈사태가 시작된다.
실종 지점
눈이 멈추는 곳.
실종자 대부분이
이곳에 파묻힌다.
눈사태 이동 경로
그쪽은 레스큐맨을
믿어 보자.
구조 실력은 진짜인
것 같으니.
일단
관광객이 많은
스키장 아래쪽에
긴급 대피 방송을
해 줘!
네!
우르르
가운데에서 벗어나
가장자리 산기슭으로
이동하는 거다!
곧 눈더미에
집어삼켜질 것
같아요!
끼잉~
깨갱
알아,
안다고!
눈을 막아 줄
바위나 나무를
찾아야 해!

레스큐맨,
저쪽이에요!
눈 피해를 대비한
방설림이군.
좋았어!
다들
꽉 잡아!
그대로
숲으로
돌진이다!
퍼어억

구사일생이
따로 없군.
역시
레스큐맨~
그런데
어떡하죠?
뭐가
문제인데?
눈사태가
스키장 아래를
덮칠 거야.
서둘러야 해!
아~하!
그랬었지.
다행히 상급 코스에는
우리밖에 없었지만….
밑에는 사람들이
더 많겠지.
당장
출동할게요!
제가 먼저
가려고 했어요,
레스큐맨!
지키리, 제법
성장했는걸?
아우울
아오옹

안전 요원들,
눈사태 구조 장비를
챙겨서 스키장으로
얼른 달려가!
실종된 사람의
위치를 알려 주는
추적 장치,
눈에 파묻힌
사람을 찾아내는
탐침봉,
눈을 퍼낼
눈삽을
가져가세요!
오케이!
쿠구구구궁
뭐야,
눈사태?
모두
도망쳐요!
눈이
엄청난 속도로
내려온다!

콰르르
사람들이 눈에 휩쓸렸어!
세이프고, 펑펑 스키장에 입장한 손님과 직원 수를 파악해서 실종자가 몇 명인지 알아봐 줘.
네! 현재 열두 명이 눈사태로 실종되었습니다!
세이프고, 눈에 파묻혔을 때 생존법을 설명해 줄래?
눈사태에 휩쓸렸다면, 수영하듯이 팔다리를 움직여 최대한 눈 밖으로 나가야 해요.
허우적
눈 속
팔과 다리를 눈 위로 뻗을 수 있다면 짧게 소리를 질러 파묻힌 위치를 알려요.
사람 살려!
파악

두 명을
구조했어!
콜록
눈 깊숙이 묻혔다면
손으로 입과 코 주변에
숨 쉴 공간을
만들어요.
무작정 계속
소리 지르는 건
삼가요.
지나치게 무리하면
체온과 체력을 잃고,
산소도 빨리
없어지거든요.
후아….
후아….
포기하면
안 돼….
따라서
구조를 기다리며
에너지를 절약하는
것이 좋아요.
안전 요원들, 서둘러 줘!
눈사태 구조는
시간과의 싸움이야.
CCTV
눈에 묻힌 지 5분이
지나기 전에 구출되면 생존할
확률이 90퍼센트 이상이에요.
45분까지도 생존율이
절반 이상이지만….
그보다 더
시간이 흐르면
안 돼요!
눈이 단단히 굳어서
빠져나오기 어렵고,
눈 속의 산소도
점점 사라지거든요.

아직 열 명 더
남았는데….
이 넓은
스키장에서
어떻게 찾는담?
손이
부족해!
내가 도울게!
오드리도!
너희들,
무사했구나!
기다리게
했군!
이런 이런….
사박
레스큐맨?!

열 명이라고 했지? 이 몸이 모두 구출해 주지!
퍽
퍽
엄청난 삽질이다!
스키장 전체를 뒤질 필요는 없어.
펑펑 스키장의 직원과 손님은 모두 사고를 대비해 전파 발신기를 달고 있거든.
유비무환이군!
방금 눈에 묻힌 사람들의 위치를 파악해서 드론을 보냈어요.
모두에게도 위치 정보를 전송했어요. 어서 가서 구조를 부탁해요!
오, 효율적인걸?
위이이잉

각자 이 위치로 흩어져서 구석구석 뒤져 봐요!
좋았어! 난 저쪽을 맡을게요.
레스큐맨, 우리도 저 정보를 물어보는 게 어떨까요?
한 명 찾았어요!
시끄러!
콰악
우리는 우리만의 길이 있다!
그럼요!
제 펜듈럼이 신비로운 진동으로 사람이 묻힌 자리를 알려 줄 거예요.
진정한 구조대원이라면 경쟁보다 사람을 구하는 일이 우선이죠!

마음대로 해라! 난 여기서 빠져 줄 테니!
레스큐맨이 허락했어!
흠, 삐쳐서 도망치는 거 아니고?
그렇게 모두 힘을 합친 결과….
여기 마지막 실종자가 있어요!
찾았다!
만세! 모두 무사히 구출했다!
수고했어, 안전 요원들. 다행히 구조된 사람 전부 생명에 이상은 없고, 무사히 병원으로 보냈어.
삐오 삐오
119

따뜻한
실내에 오니까
살겠네~
열심히
삽질을 했더니
손이 떨려.
레스큐맨을
눈앞에서 놓친 게
아깝긴 하네.
결국 지키리랑
이야기도
못 했고.
오드리라는
말썽쟁이가 하나 더
늘어났군.
콘,
왜 그래?
긴히 발표할 게 있어,
안전 요원들.
무슨
일이야?
폭설 임무는
다 끝난 줄
알았는데.
드디어 레스큐맨의
정체를 알아냈다!

후후,
내 정체가
궁금한가?
힌트 하나 주지.
너희들은 이미
답을 알고 있어!
그래, 그는
이미 내가 아는
사람이었어.
레스큐맨은
바로 그자야…!
화산 폭발은
내가 폭탄으로
어떻게든
해 보겠어!
아무도 날
막지 못해!
콰아아아
과거에 폭탄을 들고
화산 폭발 현장으로
뛰어들었던 레스큐 가문의
구조대원이자….
그 화산에서
실종되었던
지키리의
아버지였어!

세이프고의 안전 데이터

세상을 바꾸는 하얀 눈

폭설은 위험하고 불편한 점도 많지만, 우리 삶과 자연에 도움이 되기도 해요. 폭설으로 쌓인 눈이 녹으면 강과 땅속에 깨끗한 물을 채워 주지요. 이 물은 **겨울 가뭄을 해소**하고, **봄철 산불도 예방**하게 도와줘요. 또 눈이 먼지를 가라앉혀서 공기를 맑게 해 준답니다. 땅 위에 쌓인 흰 눈은 작은 동물과 식물 들에게 **혹독한 추위를 막아 주는 이불**이 되기도 하고, 햇빛을 반사하여 **지구 온난화를 누그러뜨리는 역할**도 해요.

네덜란드 화가 피터 브뤼겔의 〈눈 속의 사냥꾼들〉

앞서 소개한 겨울 축제나 스키, 스노보드 같은 문화와 스포츠도 많은 눈이 있어서 발달했지요. 또 펑펑 내리는 흰 눈은 오랜 세월 동안 전 세계 곳곳의 여러 예술가에게 영감을 줬어요. 그 덕분에 아름다운 그림, 음악, 이야기 등 다양한 예술 작품이 탄생했답니다. 또 어떤 폭설은 세상을 변화시킨 역사적인 사건이 되기도 했어요.

폭설이 세상을 어떻게 바꿨다는 거야?

바로 1888년 미국에 왔던 **그레이트 블리자드**라는 폭설 이야기예요. 눈보라가 매섭게 치는 블리자드에 엄청나다는 뜻의 '그레이트'가 붙은 만큼 어마어마한 폭설이었지요. 1888년 3월 11일부터 그레이트 블리자드로 인해 미국 동부의 도시들은 눈으로 완전히 뒤덮였어요. 자동차도 기차도 움직일 수 없었고, 전깃줄이 끊어져 도시의 모든 것이 멈춘 탓에 불편했을 뿐만 아니라 위험하기도 했어요. 바다까지 눈보라가 몰아쳐서 배가 바다에 잠기거나 부서지고, 많은 사람이 다치고 목숨을 잃었어요.

이 사건 이후로 미국 사람들은 전깃줄이나 전철 같은 중요한 시설을 땅속에 설치하기 시작했답니다. 또 소방서나 병원 등 응급 및 의료 서비스도 위험과 재난 상황에 잘 대응하도록 새로 다듬었어요. 폭설이 도시를 더 안전하게 바꾸었으니, 세상을 바꿨다고 해도 과장이 아니지요?

그레이트 블리자드가 몰아친 뉴욕 그랜드 센트럴 터미널 앞의 눈을 치우는 사람들

최근 **지구 온난화**를 비롯한 다양한 **기후 변화** 때문에 폭설에도 변화가 생기고, 언제 어디에 얼마만큼 눈이 내릴지 예측하기도 점점 어려워지고 있어요. 지구가 따뜻해지면 바닷물도 따뜻해지고, 그만큼 수증기가 많아져서 더 많은 눈이 내리지요. 그래서 앞으로 눈 오는 날은 점점 줄어드는 대신 강한 폭설은 더 늘어날 거라고 해요.

또 **북극의 온난화**도 폭설에 큰 영향을 주고 있어요. 원래 북극은 아주 춥고 그 아래 지역은 좀 더 따뜻해서 이 온도 차이로 인해 **제트 기류**라는 강한 바람의 띠가 생겨요. 제트 기류는 북극의 차가운 공기가 남쪽으로 내려오지 못하게 막아 준답니다. 그런데 북극이 점점 따뜻해지면 제트 기류가 무너져요. 그러면 제트 기류가 막고 있던 북극의 찬 공기가 남쪽으로 쉽게 흘러내려와서 엄청난 폭설로 이어져요. 이렇게 약해진 제트 기류는 겨울철 폭설뿐 아니라, 한여름 폭염을 일으키기도 해요. 그래서 우리 모두가 기후 변화를 막고 지구의 환경을 보호하는 것이 어느 때보다 중요하답니다.

카카오프렌즈, 폭설 안전을 부탁해!

자유롭게 색칠하면서 폭설 발생 시 안전 수칙을 알아봐요.

집 앞에 쌓인 눈은
미리미리 치워요!

그림 및 사진 출처

26쪽 이누이트: Frank E. Kleinschmidt, *Building an Eskimo igloo*, 1924 (Public Domain).
26쪽 아이누 전통 의상: The Met Museum, *Ainu robe*, Accession No. DP214862 (CC0).
27쪽 그랑 샬레: John Jason Junior, *Le Grand Chalet*, 2025 (CC0).
27쪽 울릉도 우데기 투막집: 문화재청 국가문화유산포털 (www.heritage.go.kr), 공공누리 제1유형.
28쪽 아이스 카누 경주: Laserpdb, *Canot*, 2011 (CC BY-SA 3.0).
28쪽 썰매 개들: Mitchell Library, State Library of New South Wales, *Huskies pulling sledge*, 1912 (Public Domain).
70쪽 블랙 아이스: Triplec85, *Plötzliches Glatteis und gefrorene Pfützen in Tauberbischofsheim*, 2023 (CC BY-SA 4.0).
70쪽 상고대: Richardfabi, *Windbuchen on the Schauinsland*, 2005 (Public Domain).
115쪽 모스크바에서 퇴각하는 나폴레옹: Adolph Northen, *Napoleon's Retreat from Moscow*, 1860 (Public Domain).
136쪽 피터 브뤼겔의 〈눈 속의 사냥꾼들〉: Pieter Bruegel the Elder, *The Hunters in the Snow(Winter)*, 1565 (Public Domain).
137쪽 그레이트 블리자드: NOAA, *Blizzard 1888 Grand Central NY*, 1888 (Public Domain).

※ 이 책에 실린 그림 및 사진은 게티이미지와 퍼블릭도메인입니다.

안전을 부탁해! GOGO 카카오프렌즈

3 폭설

글 | 조주희 **그림** | 우기연
원화 | 주식회사 카카오
정보글 | 김한아

1판 1쇄 인쇄 | 2025년 12월 5일
1판 1쇄 발행 | 2025년 12월 17일

펴낸이 | 김영곤
책임편집 | 우경진
프로젝트1팀 | 이명선 김현정 권정화 오지애 최지현 채현지
영업팀 | 정지은 한충희 남정한 장철용 나은경 강경남 황성진 김도연 이민재 이정은
디자인팀 | 한성미 임민지 **제작팀** | 이영민 권경민

펴낸곳 | ㈜북이십일 아울북
출판등록 | 2000년 5월 6일 제406-2003-061호
주소 | (10881) 경기도 파주시 회동길 201(문발동)
전화 | 031-955-2100(대표) 031-955-2177(팩스)
홈페이지 | www.book21.com

ISBN | 979-11-7357-327-9 74400

책값은 뒤표지에 있습니다.
잘못 만들어진 책은 구입하신 서점에서 교환해 드립니다.

- 제조자명 : (주)북이십일
- 주소 및 전화번호 : 경기도 파주시 문발동 회동길 201(문발동) / 031-955-2100
- 제조연월 : 2025.12.
- 제조국명 : 대한민국
- 사용연령 : 3세 이상 어린이 제품